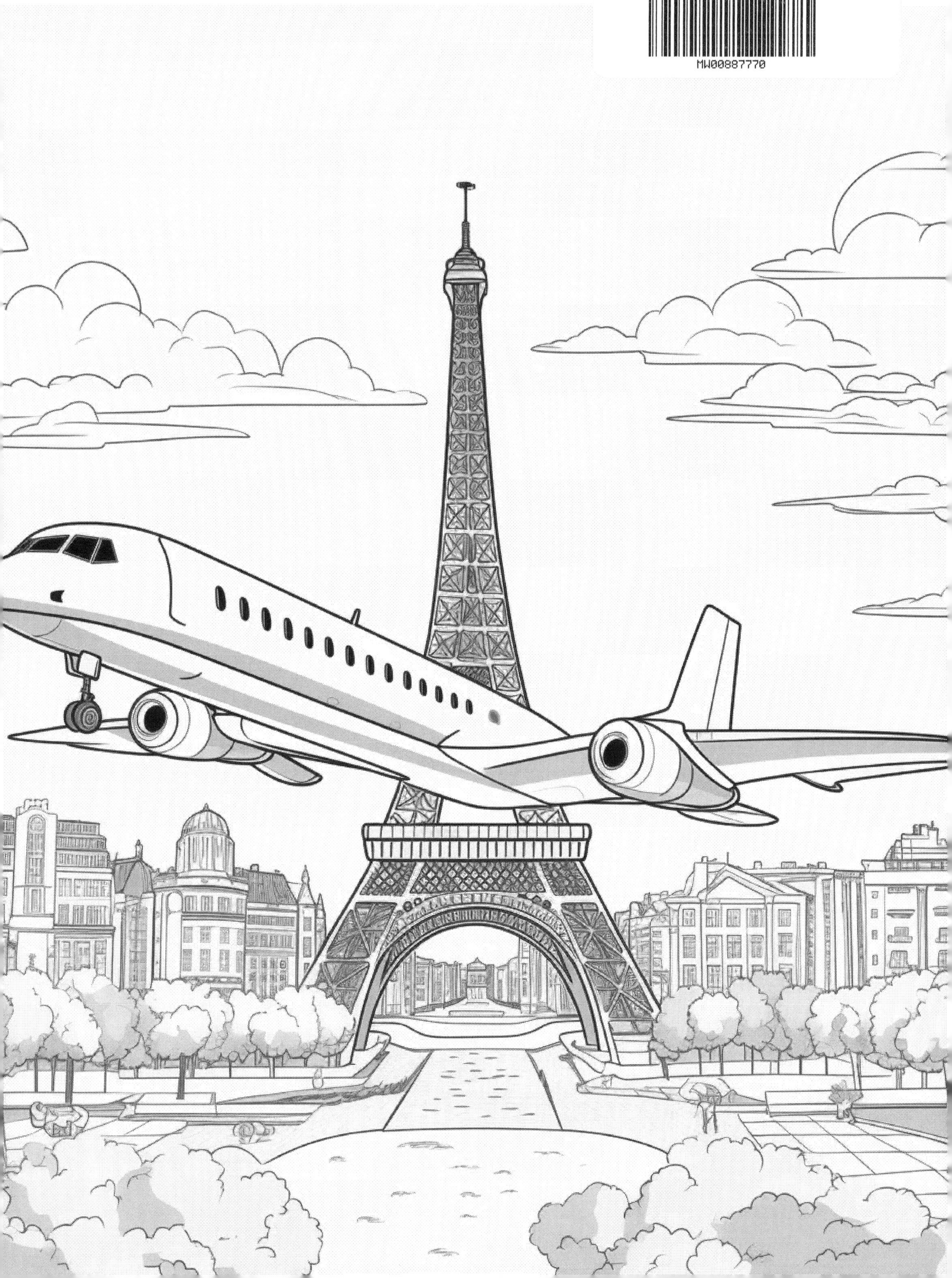

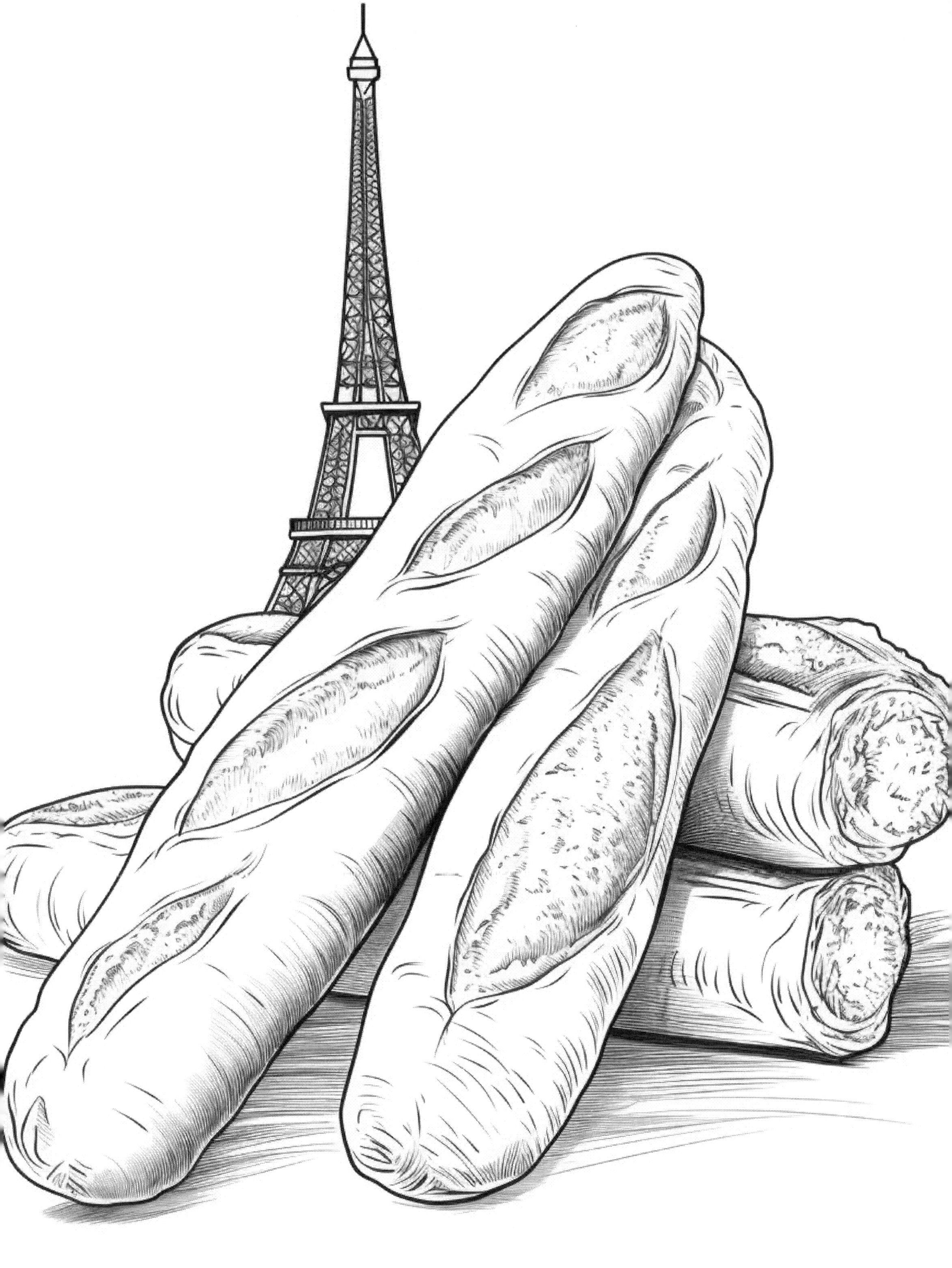

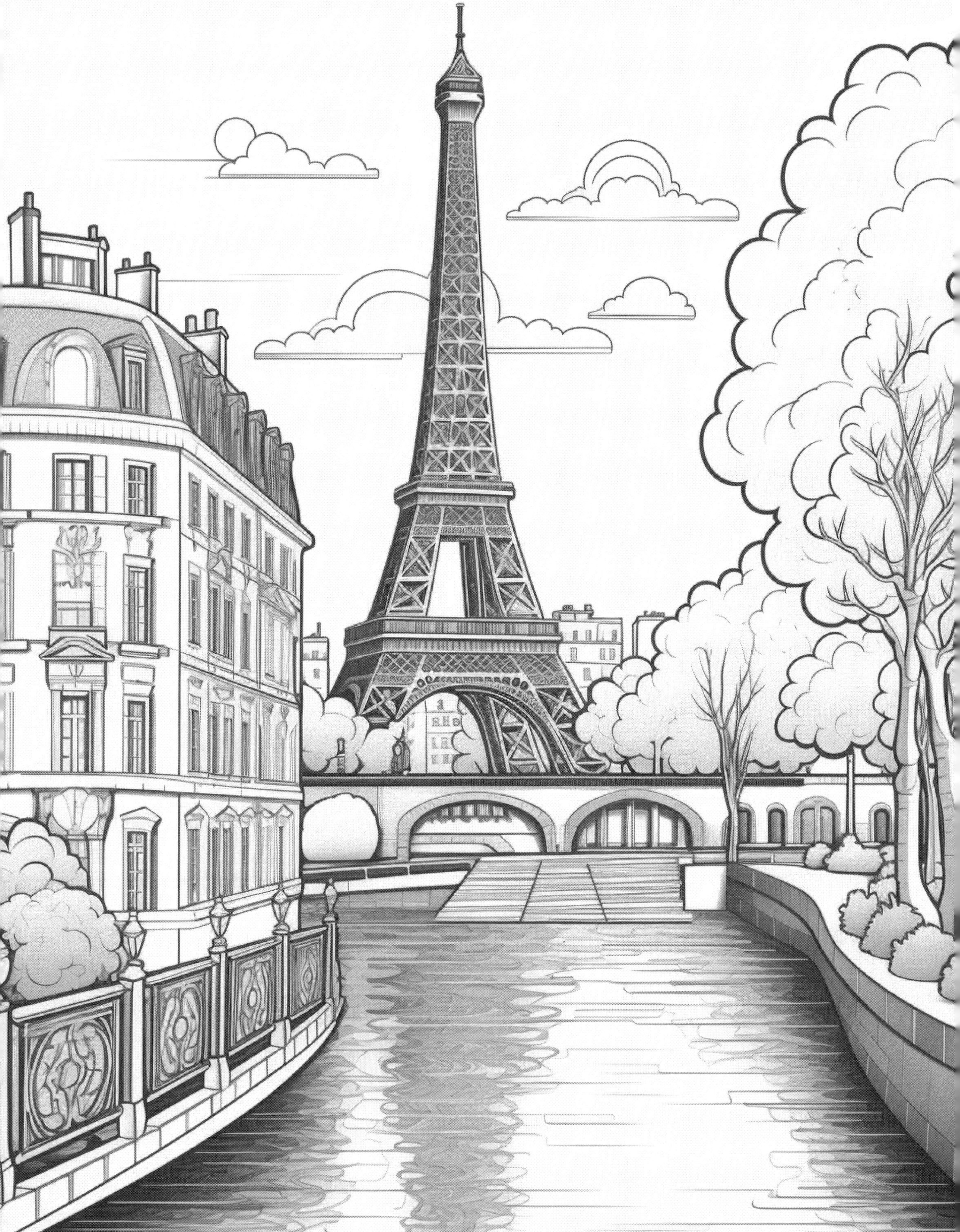

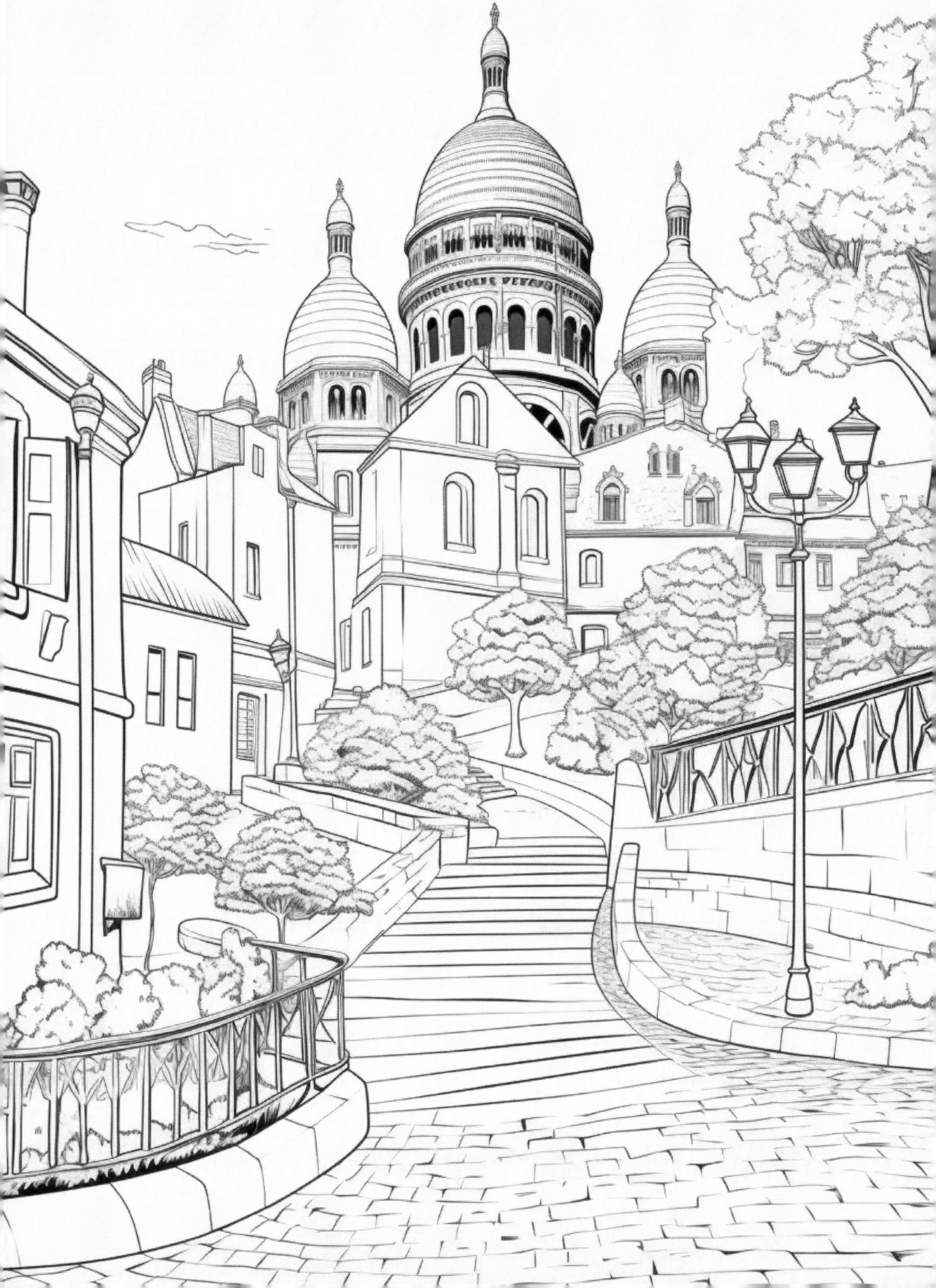

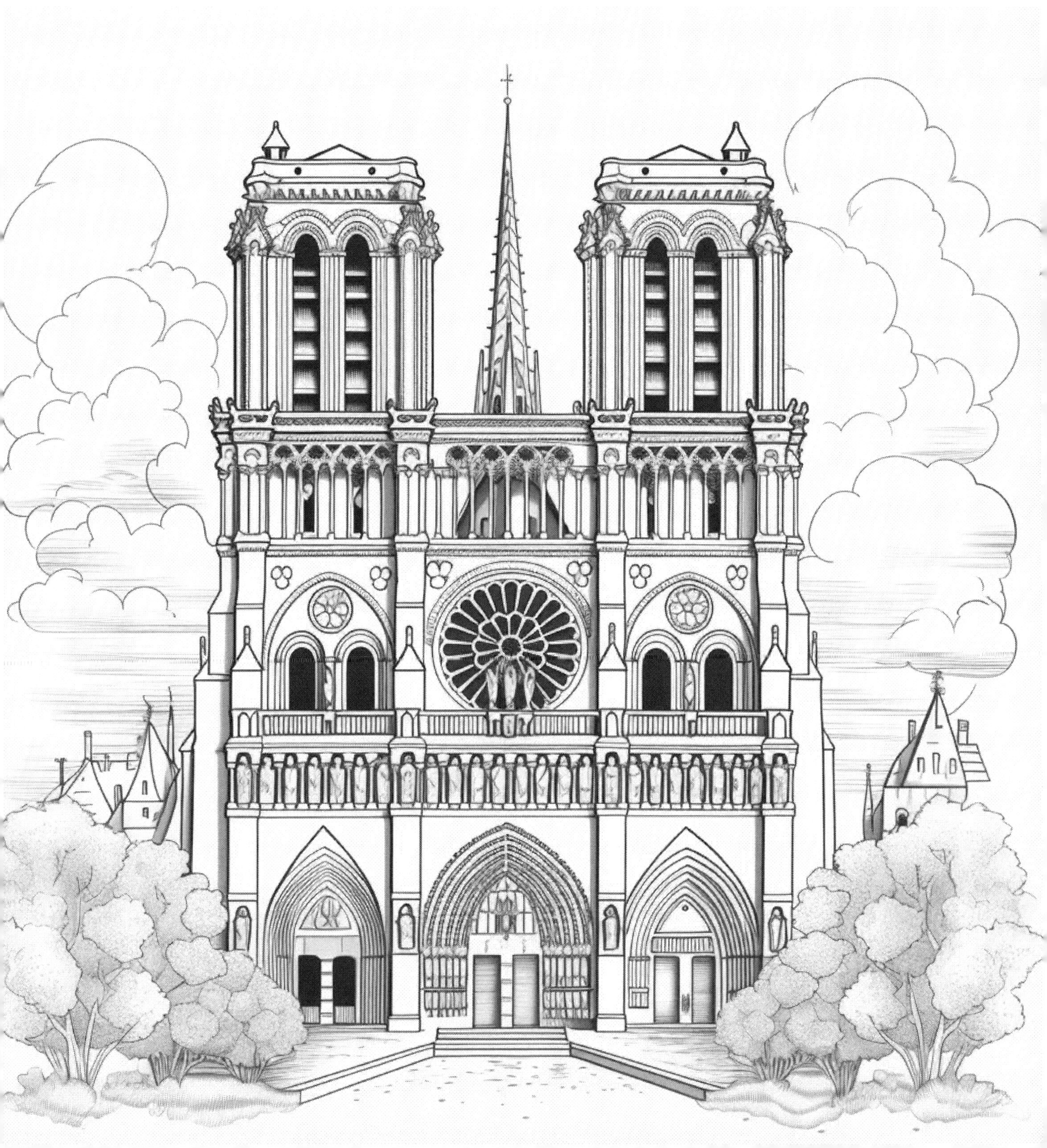

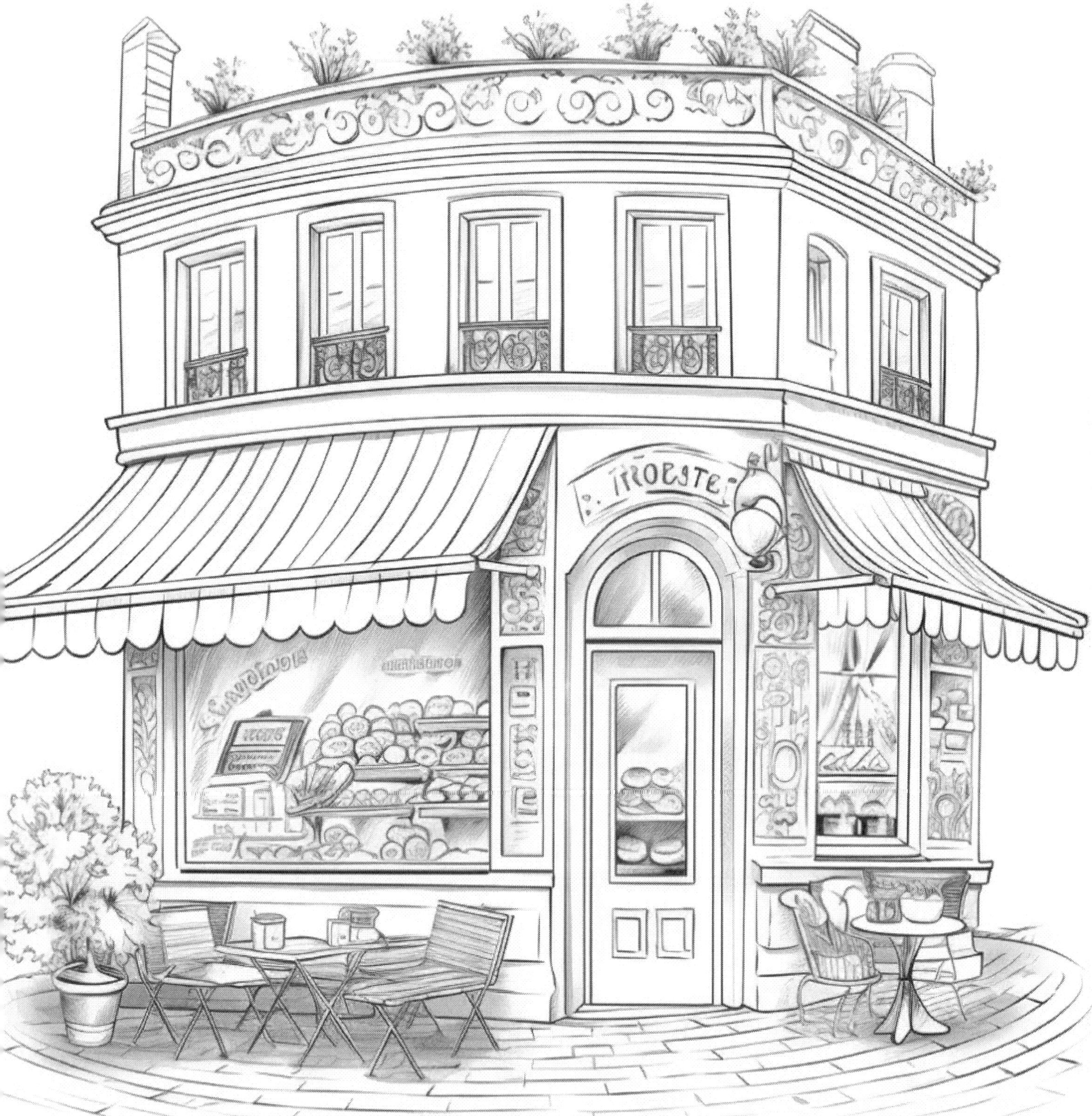

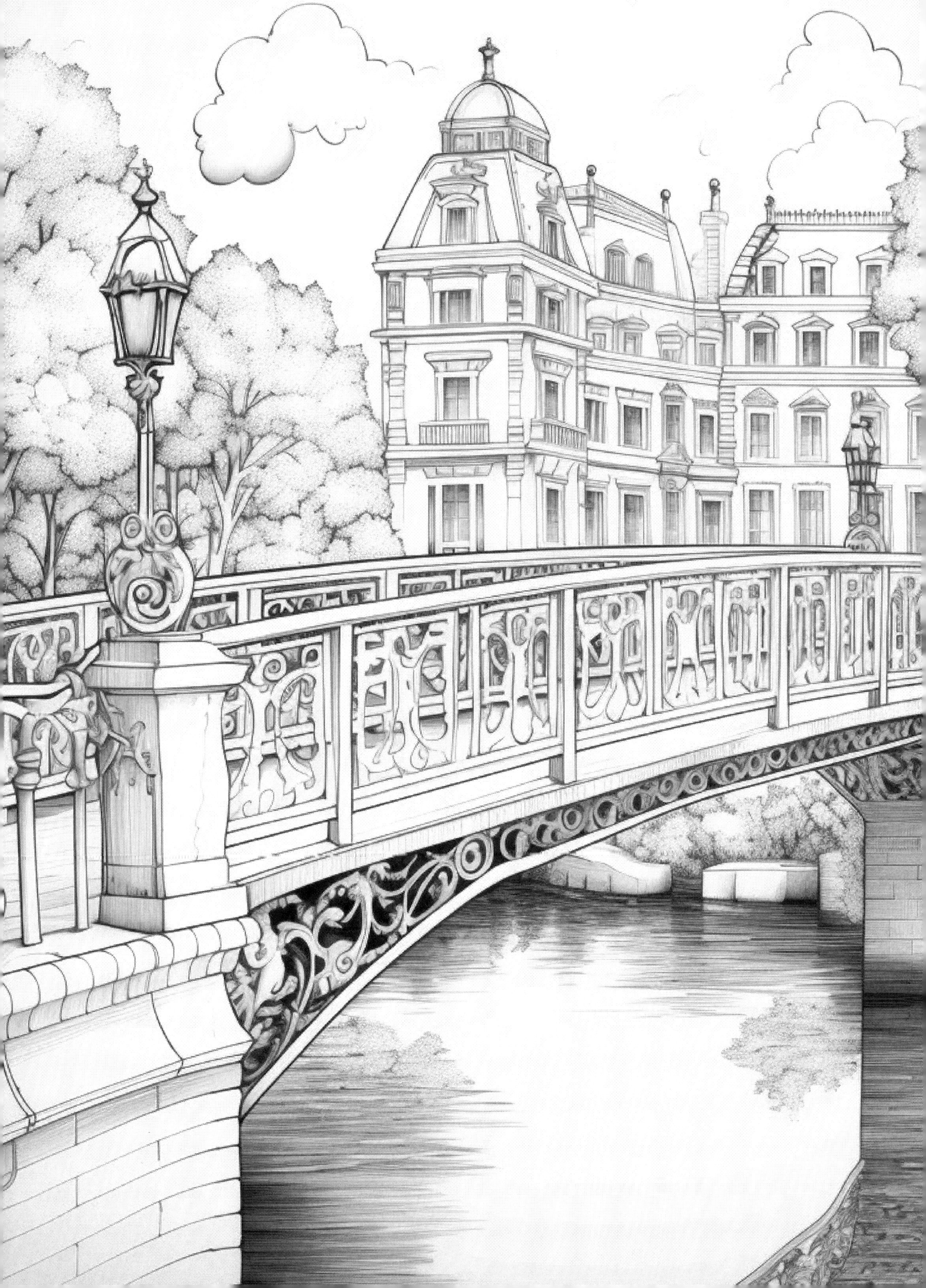

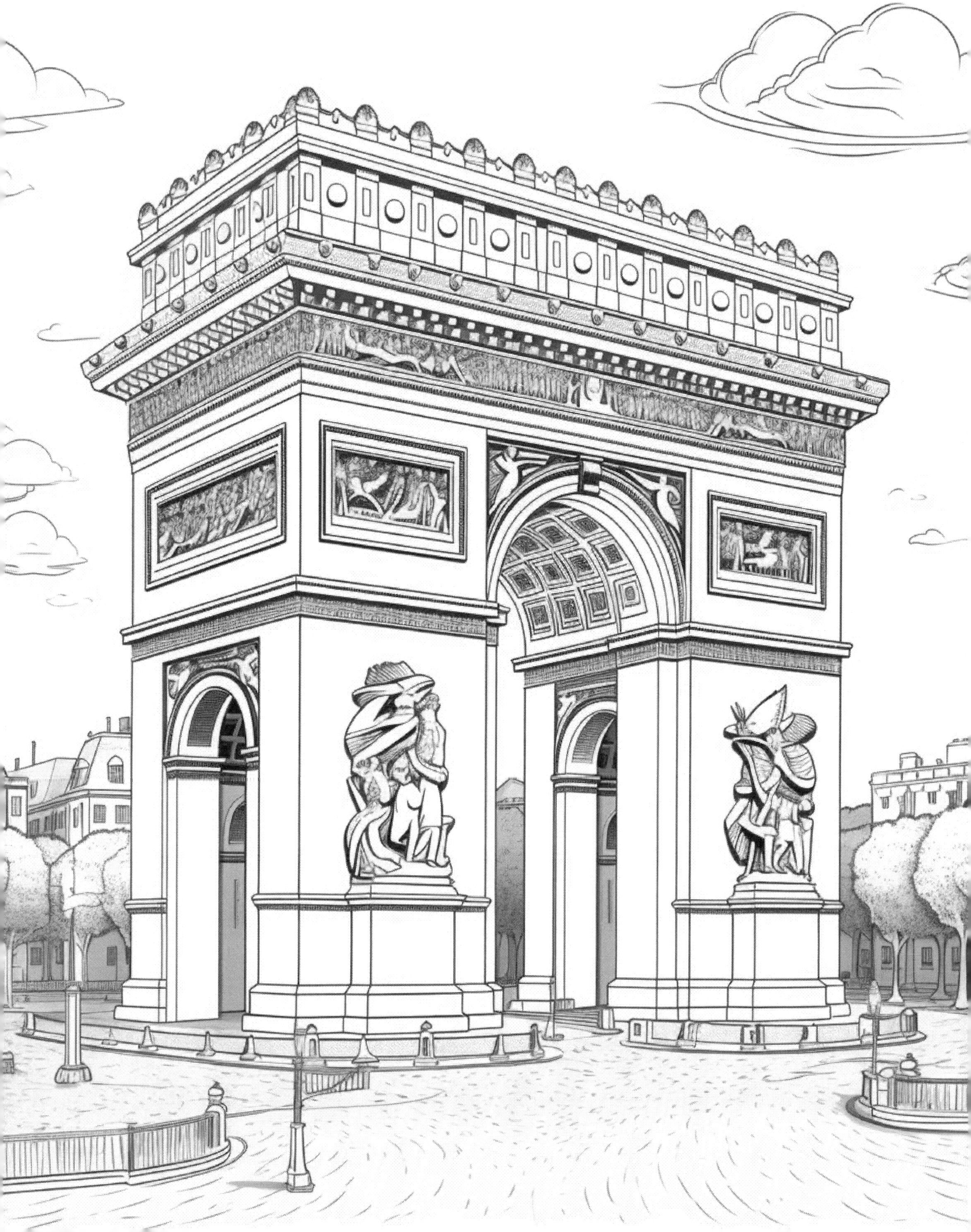

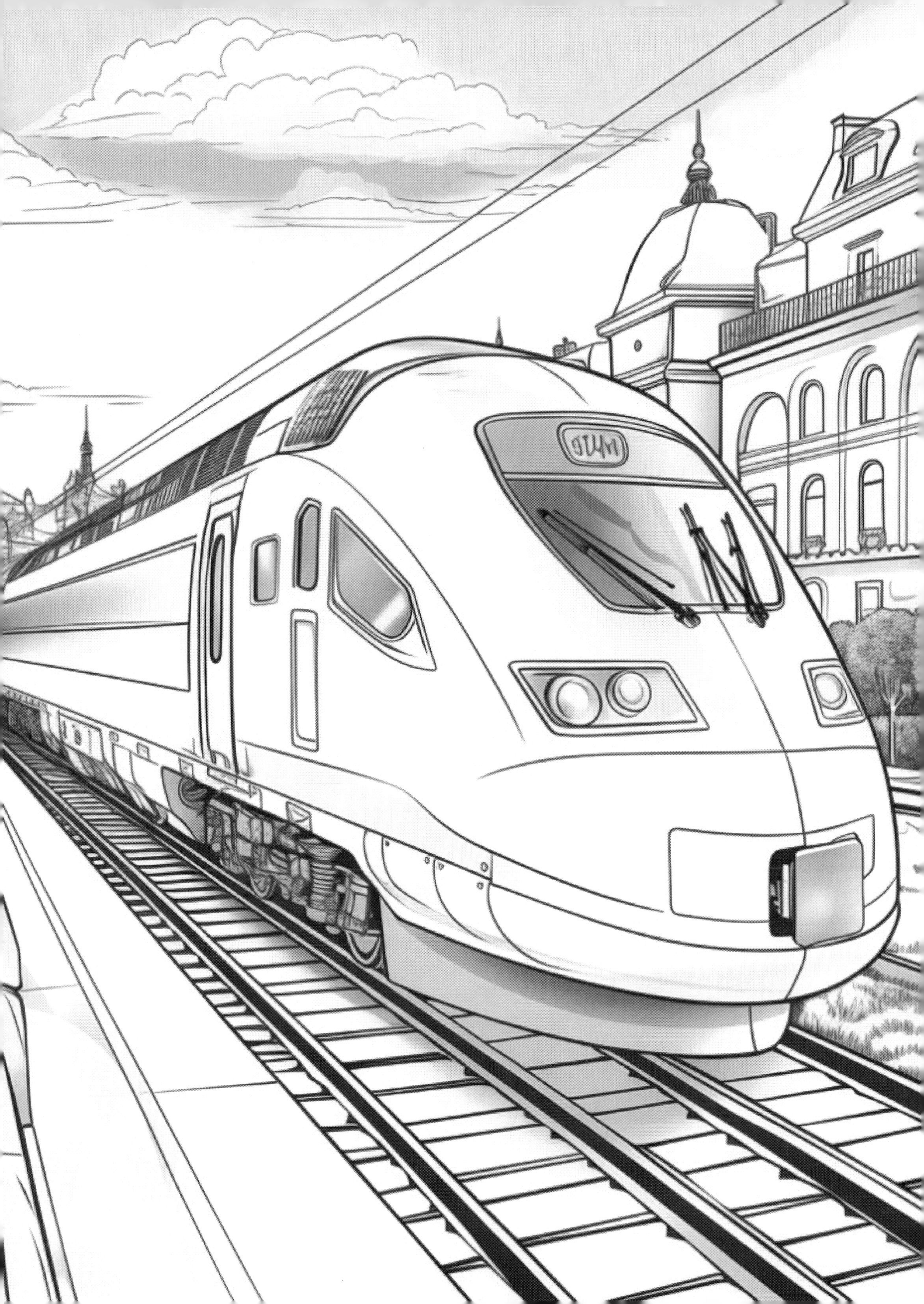

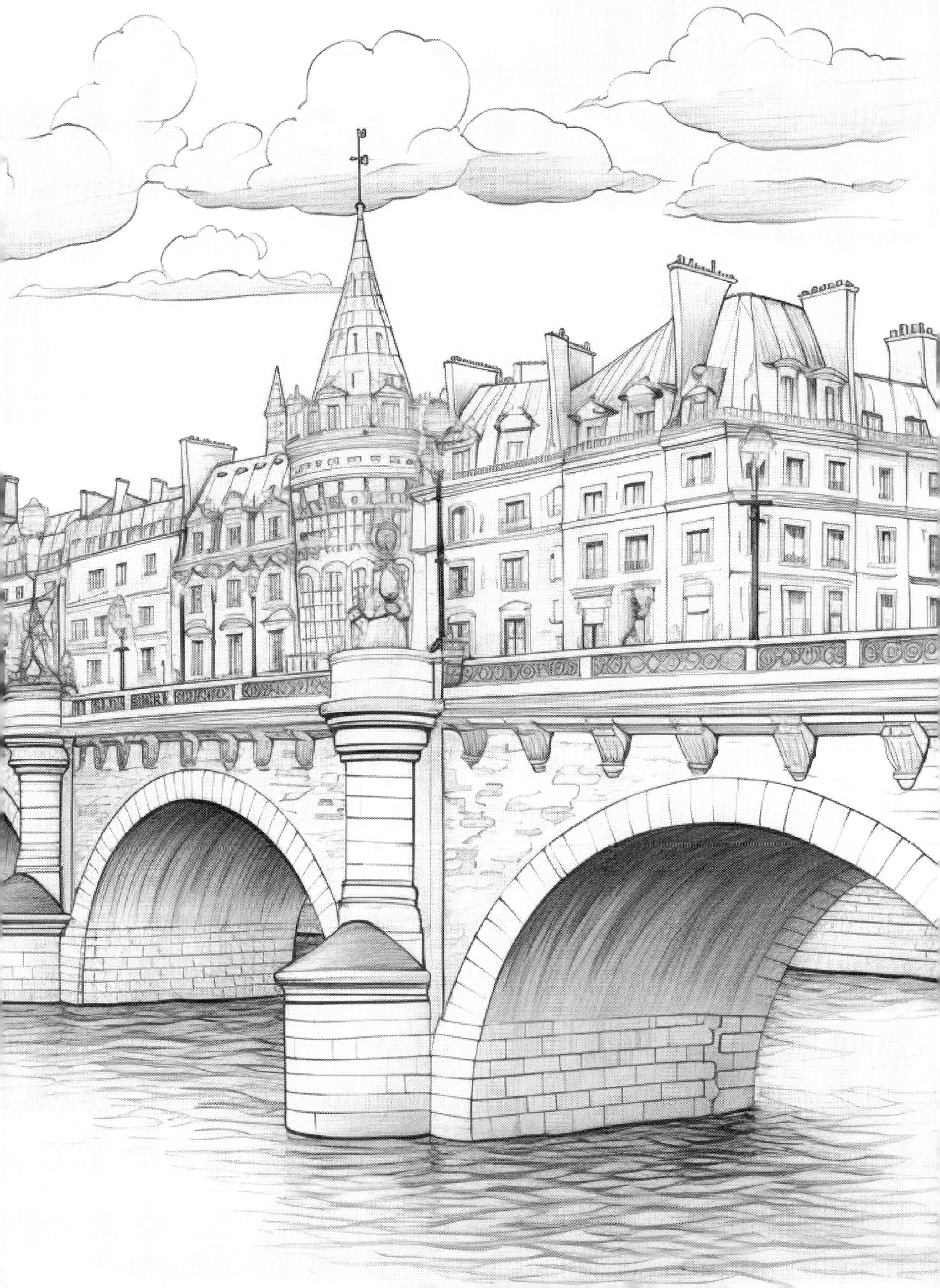

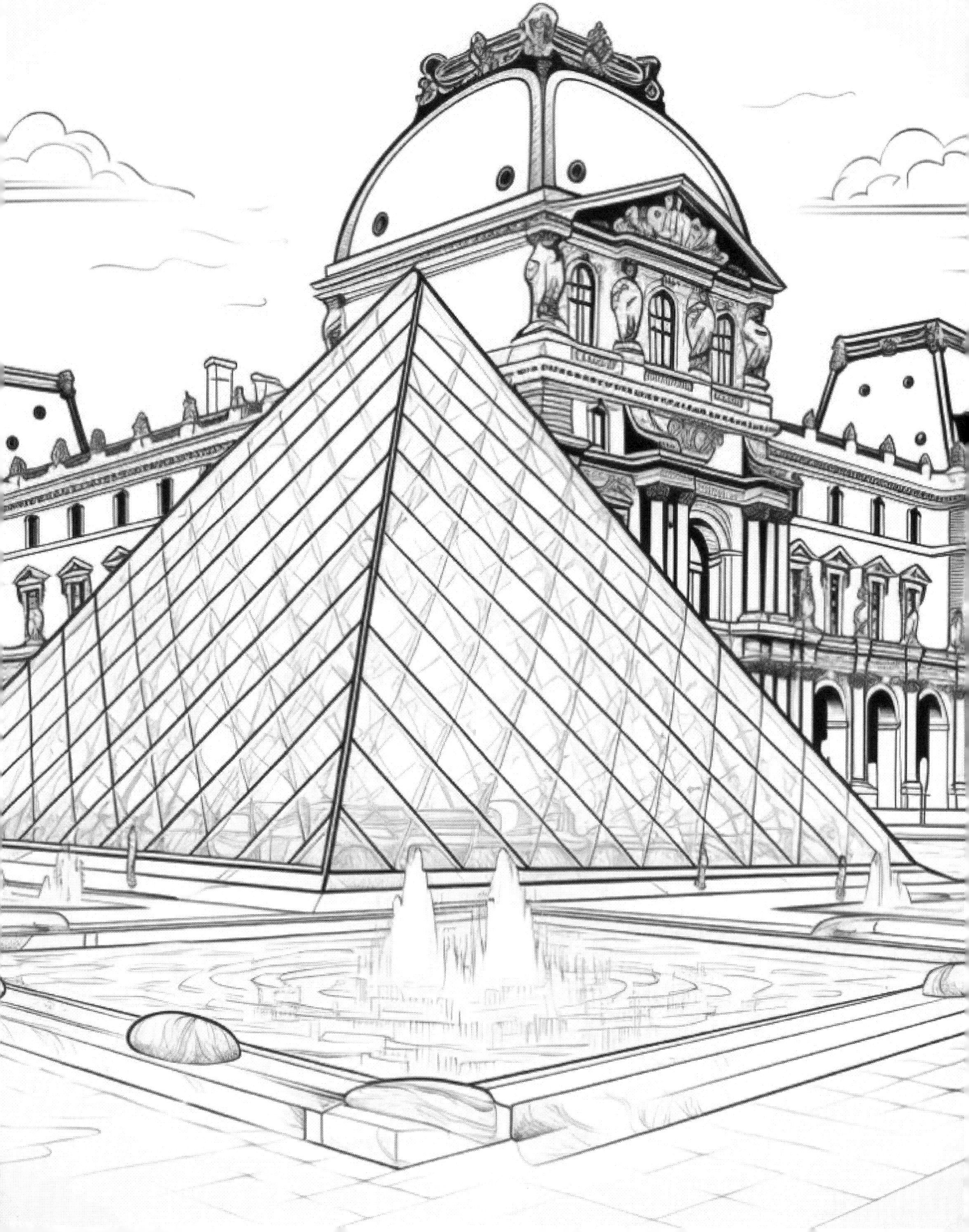

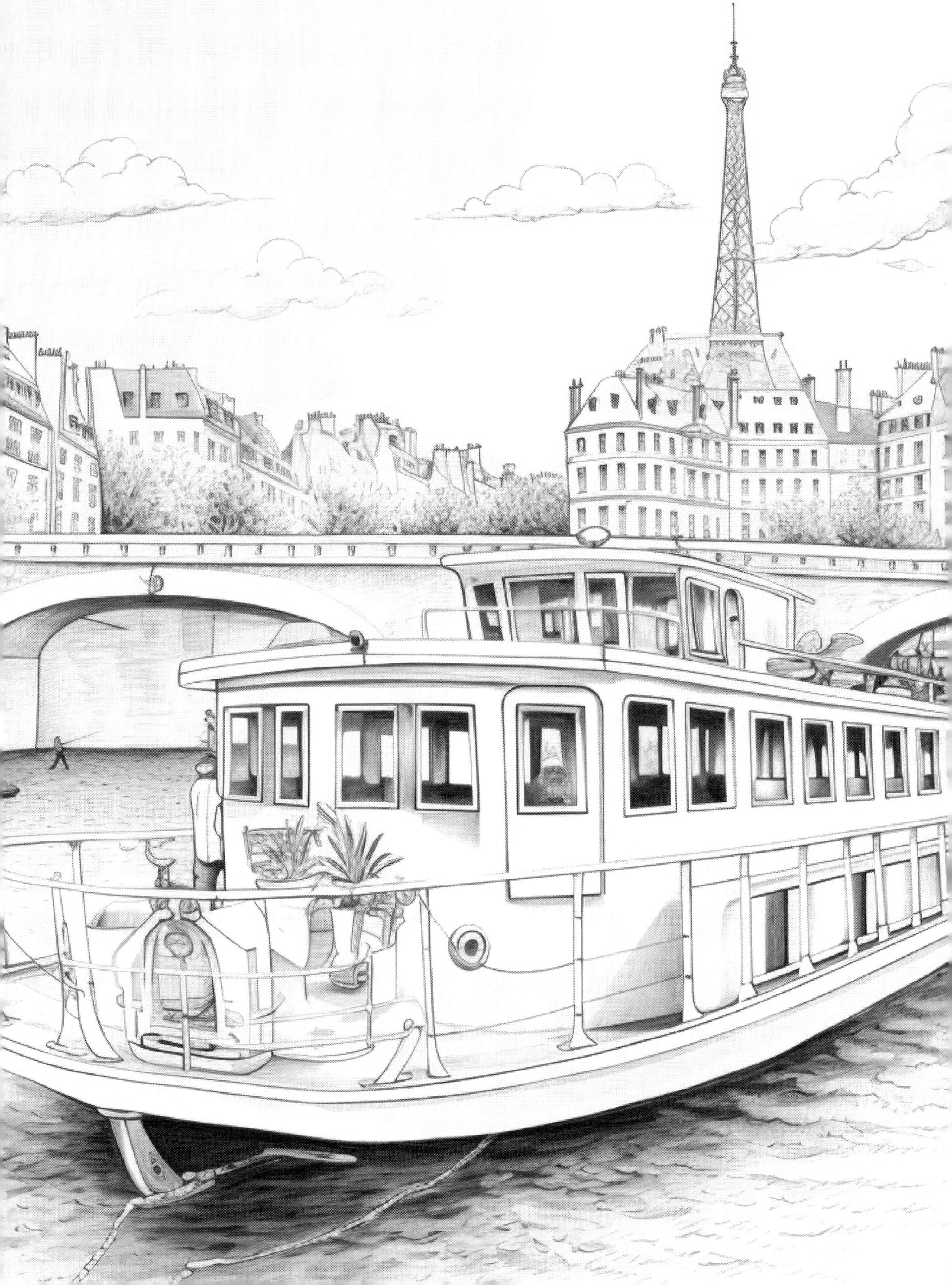

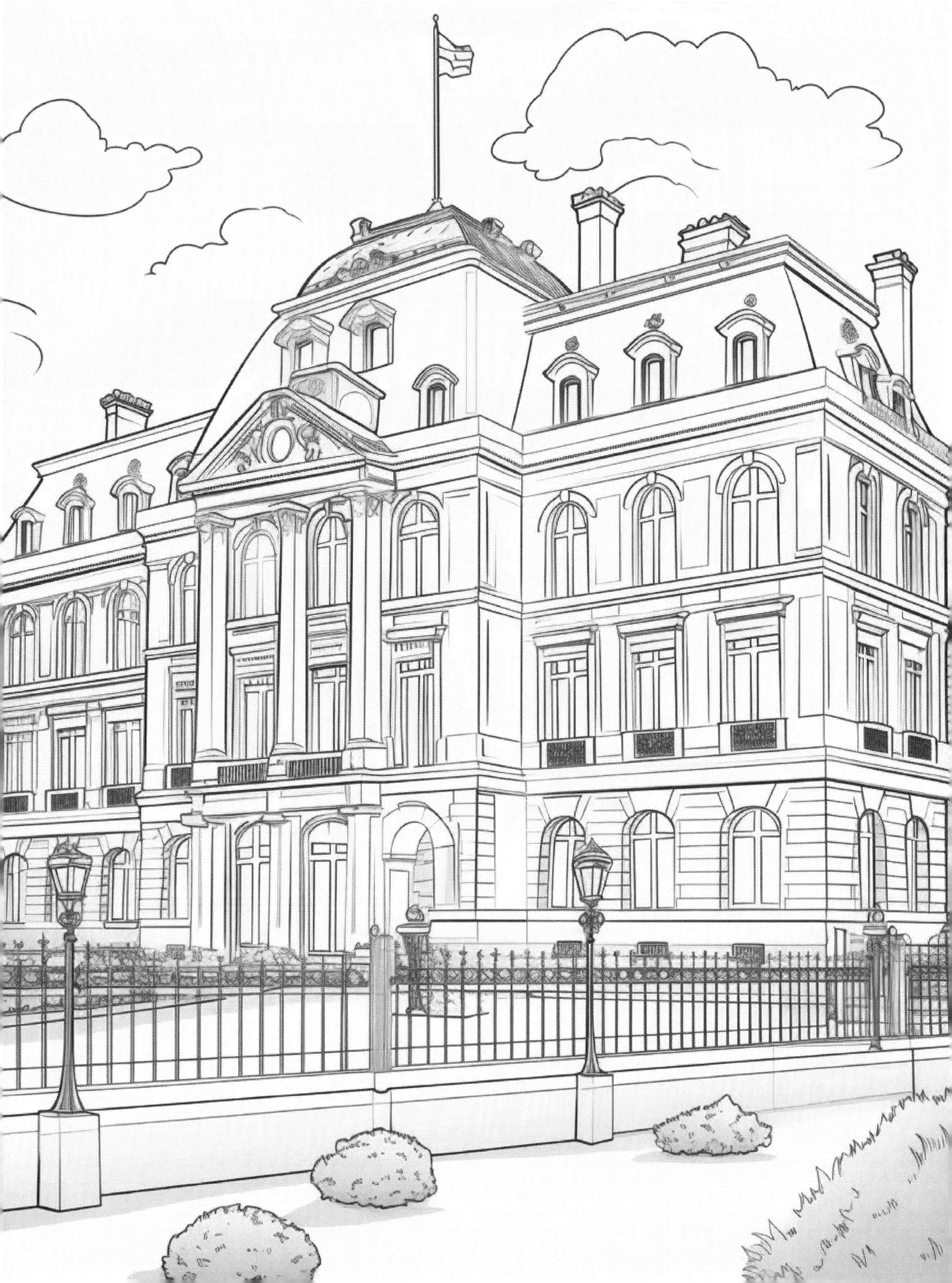

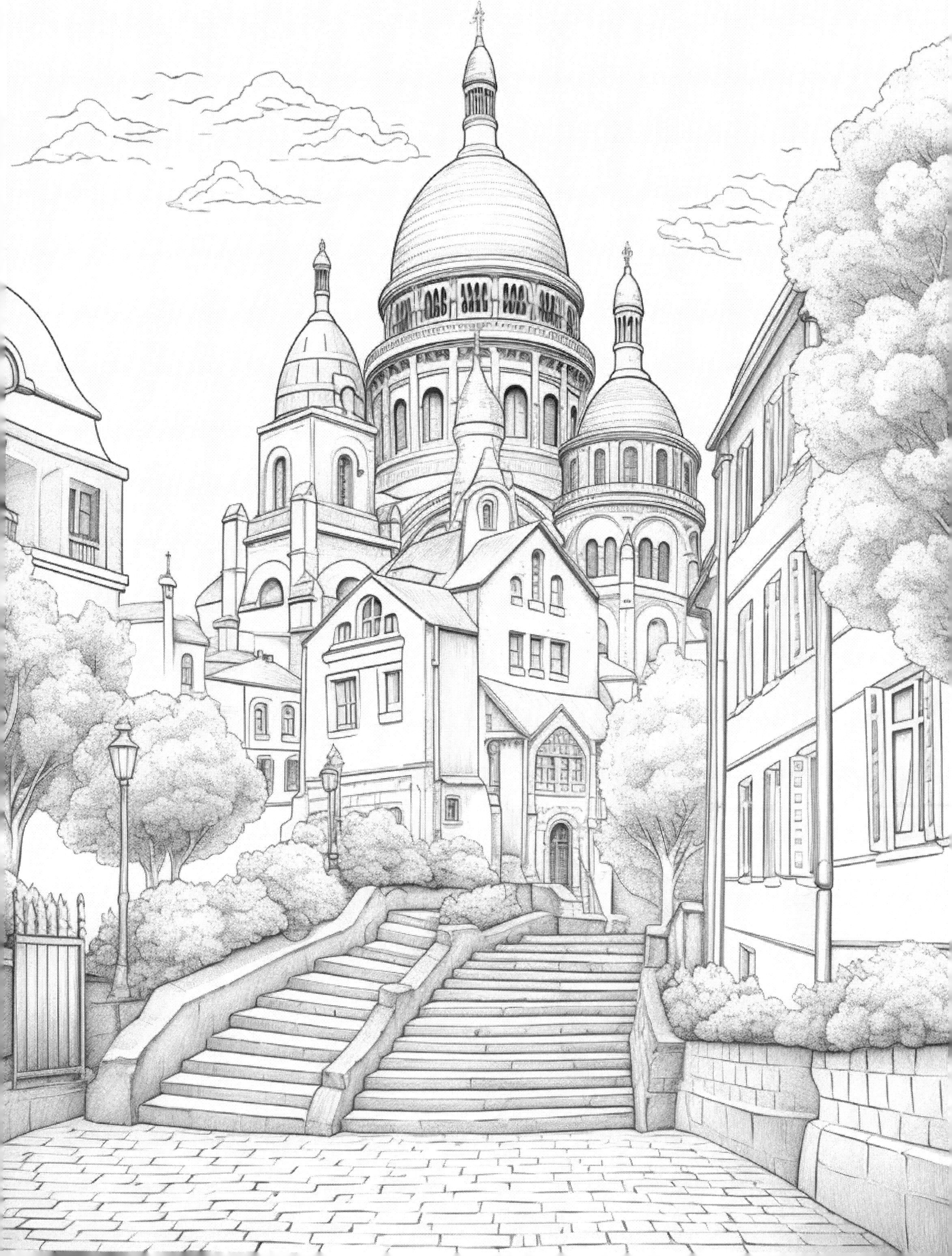

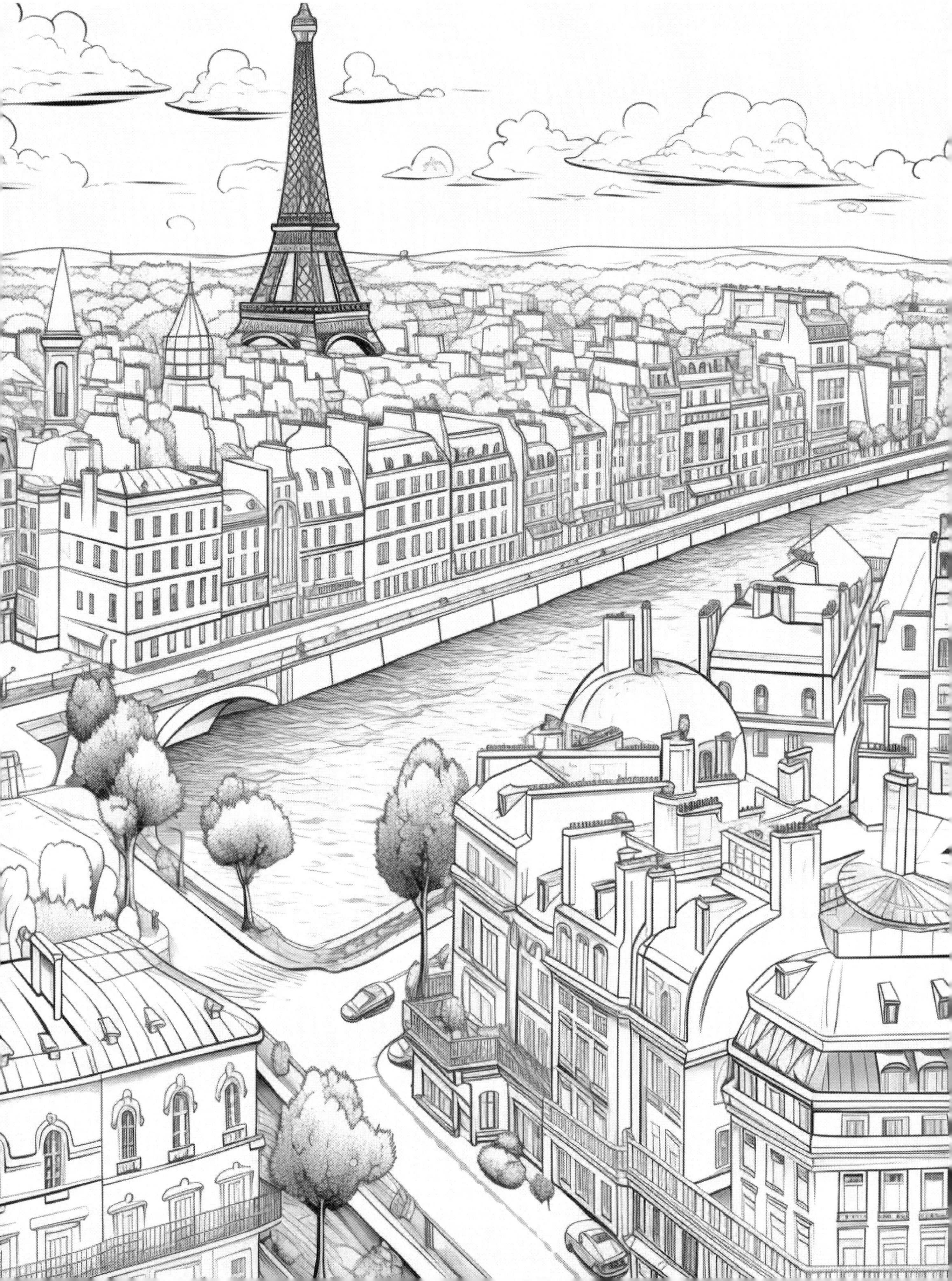

Made in the USA
Coppell, TX
26 November 2023

24803033R00017